COLECCIÓN EMOCIONES

La alegría

W0186934

Las estrellas de colores

Mireia Canals

Sandra Aguilar

SALVATELLA
editorial

© Mireia Canals
Ilustraciones: Sandra Aguilar
© Editorial Miguel A. Salvatella, s. a.
c/ Sant Agustí, 8. 08012 Barcelona
www.salvatella.com

ISBN: 978-84-8412-813-7
Depósito legal: B-20.740-2014
Imprime: Gervigraf cmyk
Printed in Spain

Cualquier forma de reproducción, distribución, comunicación pública o transformación de esta obra solo puede ser realizada con la autorización de sus titulares, salvo excepción prevista por la ley. Diríjase a CEDRO (Centro Español de Derechos Reprográficos) si necesita fotocopiar o escanear algún fragmento de esta obra (www.conlicencia.com; 91 702 19 70 / 93 272 04 45).

Introducción

La alegría

La colección Emociones surge con la intención de aportar una nueva herramienta en la labor de guiaje, modelado e inmersión de los niños entre los dos años y medio y los ocho años.

En esta edad es muy importante la prevención colectiva, muy aconsejable desde la escuela, y a la vez la prevención individual desde casa.

Los cinco pilares básicos de la prevención, que en la Unidad de Psicopatología para la Infancia de la UAB están trabajando ya en las escuelas, son los siguientes: el reconocimiento de emociones y sentimientos, saber expresar emociones, enseñar a autocontrolarse, a hacer amigos y aprender a ser responsables. El programa parte de varias premisas, como enseñar el desarrollo emocional y afectivo de la persona, prevenir la conducta disruptiva y finalmente hacer crecer las competencias sociales y personales.

Los cuentos están estructurados alrededor de una historia en la que Ana o Javier pasan por algún tipo de aventura para reconocer, aprender y poner en práctica todo aquello que al niño le provoca miedo, tristeza, alegría, rabia, entre otras emociones. Al final del cuento encontraréis unas actividades pensadas para que los niños puedan entender y expresar la emoción que se trabaja en el cuento. Por otro lado, también se intentará que sea capaz de aprender a medir la emoción para que pueda ser capaz de solucionarlo solo.

Un día Ana y Javier fueron al parque.

Unos niños jugaban con la arena haciendo castillos y carreteras.

Javier y Ana jugaban a perseguirse y cuando se pillaban se daban dos golpecitos en la espalda y se reían un buen rato.

Cuando se cansaron, se acercaron a los dos niños que seguían haciendo carreteras.

—¿De qué os reís cuando jugáis? —preguntó un niño que se llamaba Juan.

—Pues mira, de que me pillaba y me daba golpecitos en la espalda —respondió Ana riéndose mientras se sentaba a construir carreteras con ellos.

Pero Juan no se reía.

—¿Y las estrellas de colores? —preguntó el otro niño que se llamaba Luis.

—¿Qué estrellas? —preguntó Ana.

—Unas estrellas de colores que os salen cuando jugáis —respondió Luis.

Ana no sabía de qué hablaban.

Javier les llamó y dijo:

—Va, ahora juguemos a un, dos, tres, pica pared— y mientras lo decía, contento, Ana vio unas estrellas grandes de colores que se escapaban por detrás de la oreja de Javier.

Ana, sorprendida, vio que Juan y Luis tenían unas estrellas pero eran muy pequeñas y muy pocas.

—¿Qué no os lo pasáis bien? —preguntó Ana—. ¿Queréis que juguemos a otro juego? —insistió.

—Es que no sabemos jugar mucho a este juego —dijo Juan.

—A mí me gustaría que mi hermano y yo hiciéramos estrellas grandes de colores como las vuestras —dijo Luis.

Entonces Ana dio la mano a Luis, Juan y Javier se añadieron, y empezaron a correr por el parque.

Pasaron por debajo del tobogán, al lado del columpio, saltaron por encima

del charco, caminaron de puntillas
por la acera.

Y saltaron para tocar una hoja del plátano.

—¡Buf! —gritó Juan sonriendo, y empezó a sacar estrellas grandes de colores por las mangas.

—¡Mira! —dijo Luis riéndose—. ¡Estrellas de colores!

Javier y Ana empezaron
a reírse y a dar palmadas.

—¡Estrellas, estrellas, estrellas!

Y pasó que, cuanto más se reían y jugaban, más estrellas de colores les salían por todas partes.

Y así es como Ana y Javier supieron que la alegría es como

estrellas de colores alrededor de cada uno de nosotros.

Aprendemos del cuento

Estas actividades están pensadas con el fin de que los niños puedan entender y expresar el concepto que se trabaja en el cuento. Por otra parte, también se quiere procurar que el niño sea capaz de aprender a medir el conflicto con el fin de llegar a solucionarlo solo.

1. Localizo el concepto:

- ¿Ana y Javier están contentos en el cuento? ¿Qué están haciendo? ¿Los otros niños con quienes hablan, qué problema tienen?

2. Dibujo el concepto:

- ¿Cómo dibuja el cuento la alegría? ¿Podrías buscarlo en las ilustraciones? Explica aquello que has encontrado haciendo un dibujo.

3. Aprendo a medir el concepto:

- Coge un cartón de una caja y dibuja con colores diferentes cosas que te gusten. Ahora píntalas de colores que también te gusten. ¿Son alegres las cosas que has pintado?

4. Pongo en práctica mi aprendizaje:

- Aplicar manualidades: a continuación, recórtalas y pégalas en un papel, un corcho, otro trozo de cartón. Pon un nombre a tu alegría.